L

MW01099119

SCHOOL PUBLISHERS

Photos:
p. 2, Cat © Artville; p. 3, Ram © PhotoDisc; p. 4, Map © PhotoDisc; p. 5, © Image Club Graphics; p. 6, © PhotoDisc/Punch Stock; p. 7, © PhotoDisc; p. 8, © Michael Cogliantry/Image Bank/Getty Images.

Printed in China

ISBN 10: 0-15-358365-7
ISBN 13: 978-0-15-358365-0

Ordering Options
ISBN 10: 0-15-358355-X (Grade K Below-Level Collection)
ISBN 13: 978-0-15-358355-1 (Grade K Below-Level Collection)
ISBN 10: 0-15-360618-5 (package of 5)
ISBN 13: 978-0-15-360618-2 (package of 5)

4 5 6 7 8 9 10 0940 15 14 13 12 11 10 09

cat

ram

map

Sam

tap

cap

mat